FERRARI
HIDE & SEEK
페라리를 찾아라!

초판 1쇄 발행 2016년 9월 15일

그린이 베로니카 포치
발행인 양원석 | **편집장** 전혜원 | **책임 편집** 홍혜미 | **디자인** RHK 디자인 연구소 김신애
마케팅 이영인, 양근모, 김민수, 장현기, 박민범, 이주형 | **해외 저작권** 황지현 | **제작** 문태일
펴낸곳 ㈜알에이치코리아 | **주소** 08588 서울시 금천구 가산디지털2로 53, 20층(한라시그마밸리)
전화 02-6443-8923(내용), 02-6443-8838(구입), 02-6443-8960(FAX) | **등록** 2004년 1월 15일 제2-3726호

ISBN 978-89-255-5952-0 (77880)

Ferrari Cerca e Trova
Originally published in Italian by Franco Cosimo Panini Editore Spa
Ferrari Cerca e Trova © 2016 Franco Cosimo Panini Editore Spa
Korean translation copyright © 2016 by RH Korea Co., Ltd.
All rights reserved.

이 책의 한국어판 저작권은 Franco Cosimo Panini Editore Spa와 독점 계약한 ㈜알에이치코리아에 있습니다.
저작권법에 의하여 한국 내에서 보호를 받는 저작물이므로 무단 전재와 무단 복제를 금합니다.

※ 값은 뒤표지에 있습니다. ※ 잘못된 책은 구입하신 곳에서 바꾸어 드립니다.
※ 책 모서리가 날카로워 다칠 수 있으니 사람을 향해 던지거나 떨어뜨리지 마십시오.
★ 정답이 궁금하신 분들은 hmhong@rhk.co.kr로 메일을 보내 주세요. 정답을 알려 드립니다.

알에이치코리아 홈페이지와 블로그, SNS로 들어오시면 자사 도서에 대한 더 많은 정보와 이벤트 혜택을 확인하실 수 있으며,
E-book몰에서는 전자북으로도 만나볼 수 있습니다.
주니어RHK 홈페이지 http://jrrhk.com | **E-book몰(RHK북스)** http://ebook.rhk.co.kr
페이스북 https://www.facebook.com/rhk.co.kr | **블로그** http://randomhouse1.blog.me
유튜브 http://www.youtube.com/randomhousekorea

FERRARI
HIDE & SEEK

페라리를 찾아라!

주니어 RHK

페라리의 주인은 누구?

★ 콧수염을 길렀고, 고글과 헬멧을 착용했어요.

모양과 색이 같은 페라리를 찾아라!

★ 각각의 차들이 2대씩 짝을 이루고 있어요.
누가 먼저 찾는지 시합해 보세요.

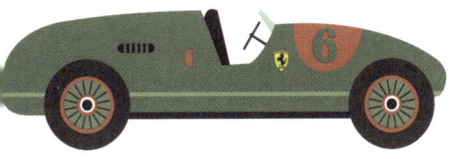 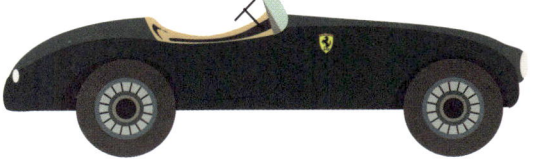 

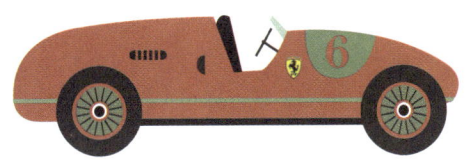